CONOCE LAS CIENCIAS BIOLÓGICAS

LAS ÁRQUEAS

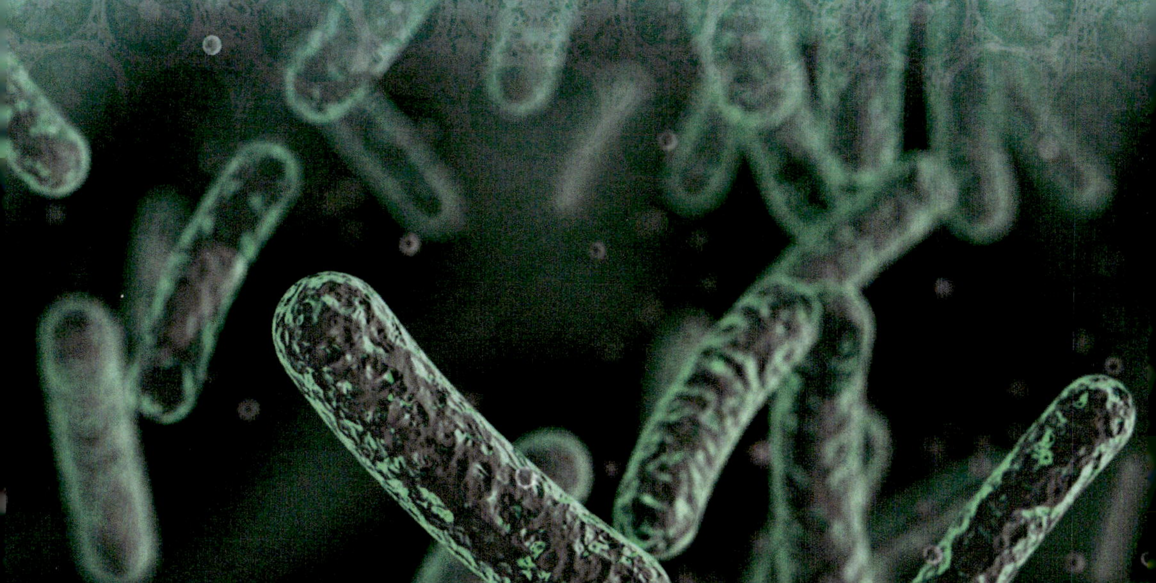

KATE MIKOLEY
TRADUCIDO POR ALBERTO JIMÉNEZ

Gareth Stevens
PUBLISHING

ENCONTEXTO

Please visit our website, www.garethstevens.com. For a free color catalog of all our high-quality books, call toll free 1-800-542-2595 or fax 1-877-542-2596.

Library of Congress Cataloging-in-Publication Data

Names: Mikoley, Kate, author.
Title: Las Árqueas / Kate Mikoley.
Description: New York : Gareth Stevens Publishing, [2020] | Series: Conoce Las Ciencias Biológicas | Includes index.
Identifiers: LCCN 2019015501| ISBN 9781538250624 (paperback) | ISBN 9781538250648 (library bound) | ISBN 9781538250631(6 pack)
Subjects: LCSH: Archaebacteria--Juvenile literature.
Classification: LCC QR82.A69 M55 2020 | DDC 579.3/21--dc23
LC record available at https://lccn.loc.gov/2019015501

First Edition

Published in 2020 by
Gareth Stevens Publishing
111 East 14th Street, Suite 349
New York, NY 10003

Translator: Alberto Jiménez
Editor, Spanish: Rossana Zuñiga
Designer: Reann Nye
Editor: Kate Mikoley

Photo credits: Series art MriMan/Shutterstock.com; cover, p. 1 OlgaReukova/Shutterstock.com; p. 5 Galyna Andrushko/Shutterstock.com; p. 7 Elena Berd/Shutterstock.com; p. 9 KATERYNA KON/SCIENCE PHOTO LIBRARY/Science Photo Library/Getty Images; p. 11 Chicago Tribune/Tribune News Service/Getty Images; pp. 13, 30 (hot spring) Lane V. Erickson/ Shutterstock.com; p. 15 David AvRutick/Shutterstock.com; p. 17 Noradoa/Shutterstock.com; p. 19 Benny Marty/Shutterstock.com; p. 21 Wayne Morris/Shutterstock.com; p. 23 SMJoness/ iStock/Getty Images Plus/Getty Images; p. 25 Roman Yanushevsky/Shutterstock.com; p. 27 Damsea/Shutterstock.com; p. 29 WadeMachin/iStock/Getty Images Plus/Getty Images; p. 30 (cow) prochasson frederic/Shutterstock.com; p. 30 (dirt) Nik Merkulov/Shutterstock.com; p. 30 (ice) Wim Hoek/Shutterstock.com.

Printed in the United States of America

CPSIA compliance information: Batch #CW20GS: For further information contact Gareth Stevens, New York, New York at 1-800-542-2595.

CONTENIDO

Las palabras del glosario se muestran en **negrita** la primera vez que aparecen en el texto.

TODO TIPO DE ORGANISMOS

El mundo está lleno de diferentes tipos de seres vivos: los llamamos organismos. Los humanos son organismos. También lo son las formas de vida diminutas, que solo se pueden ver con herramientas especiales, los llamados microorganismos. Las árqueas son un tipo de microorganismos.

SI QUIERES SABER MÁS

Las árqueas viven en **hábitats** donde muchos otros organismos no podrían **sobrevivir**, como las fuentes termales, masas de agua muy caliente.

Para estudiar los seres vivos, los científicos los ordenan en grupos, los clasifican. Las árqueas son uno de los tres grupos principales, o dominios, en los que se clasifican los organismos. Los otros dos son las bacterias y los eucariontes, o eucariotas; estos últimos tienen un **núcleo** bien definido.

SI QUIERES SABER MÁS

Las plantas y los animales son eucariotas. A diferencia de estos, las árqueas no tienen un núcleo claramente definido.

PROCARIOTAS

Los organismos que no tienen un núcleo claro, como las árqueas, se llaman procariotas. No tienen un núcleo bien definido porque carecen de membrana nuclear, la fina capa interna que rodea el núcleo de los eucariotas. Las bacterias también son procariotas.

SI QUIERES SABER MÁS

Una membrana es una capa fina de materia que rodea determinadas partes de la célula.

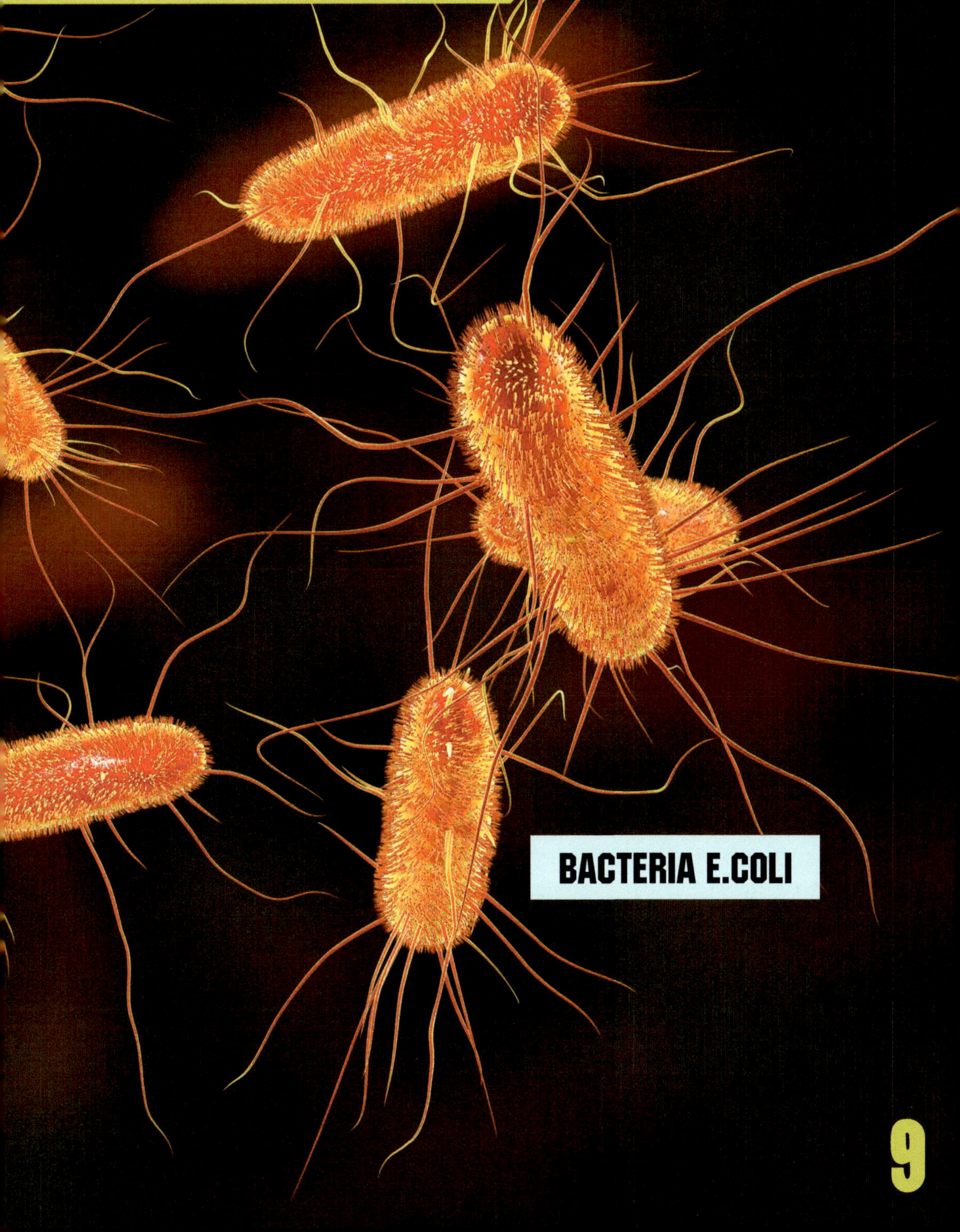

BACTERIA E.COLI

DESCUBRIMIENTO RECIENTE

Durante mucho tiempo, los científicos ignoraron la existencia de las árqueas. Pensaban que ciertos organismos que ahora se conocen como árqueas eran bacterias. En los años setenta del pasado siglo, un científico llamado Carl Woese descubrió que eran muy diferentes.

SI QUIERES SABER MÁS

Creyendo que estudiaba bacterias, Woese advirtió que había encontrado ¡una forma de vida desconocida: las árqueas!

Woese descubrió que las árqueas eran en realidad más eucariotas que bacterias. En 1977 compartió sus hallazgos. Pronto, muchos científicos reconocieron que las árqueas eran uno de los tres dominios de la vida: eucariotas, bacterias y árqueas.

SI QUIERES SABER MÁS

En algunos lugares, las árqueas y otros microorganismos forman bellos y coloridos dibujos.

Las árqueas estudiadas por Woese se llaman metanógenas, pero en aquel momento se pensaba que eran bacterias. Estas árqueas producen un gas llamado metano, cuando descomponen los alimentos para generar **energía**.

SI QUIERES SABER MÁS

Las árqueas metanógenas viven en lugares donde el **oxígeno** es escaso o nulo, como los **pantanos**.

MARAVILLAS UNICELULARES

Las árqueas están formadas por una sola célula, cuya membrana exterior es muy fuerte y tiene partes que impiden el paso del **ácido** al interior. Esto significa que las árqueas son capaces de sobrevivir en **medios** muy ácidos.

SI QUIERES SABER MÁS

Ciertos tipos de árqueas viven incluso en el líquido del **drenaje** ácido de minas.

Debido a su resistente pared celular, las árqueas pueden vivir en hábitats muy **extremos**. Y no solo en lugares de elevada acidez, ¡sino en sitios cuyas temperaturas superan los 200 °F (93 °C)!

SI QUIERES SABER MÁS

Las aguas **hidrotermales** del Parque Nacional de Yellowstone albergan muchas árqueas.

Las árqueas también soportan **temperaturas** muy frías. El lago Whillans, en la Antártida, está situado bajo una capa de hielo de 2 625 pies (800 m) que el sol no puede atravesar. A pesar de eso, ¡se ha descubierto que las árqueas y otros microorganismos viven allí!

SI QUIERES SABER MÁS

Los científicos descubrieron las árqueas del lago Whillans perforando el hielo.

A TRAVÉS DEL TIEMPO

Con el tiempo, la mayoría de los organismos evolucionan, o cambian, mucho. Sin embargo, a diferencia de otros organismos, se cree que las árqueas han evolucionado poco. Parece lógico, porque los ambientes extremos en los que viven no favorecen ni permiten en muchos casos grandes cambios.

SI QUIERES SABER MÁS

La palabra árquea viene de una palabra griega que significa antiguo, muy viejo.

¡DENTRO DE LOS ANIMALES!

Ya sabemos que las árqueas se encuentran a menudo en el agua; también que hay árqueas en el suelo y en el barro. Sin embargo, también viven en otro lugar que podría sorprenderte: ¡dentro de los animales! Para ser exactos, en el intestino de diversos animales y de los humanos.

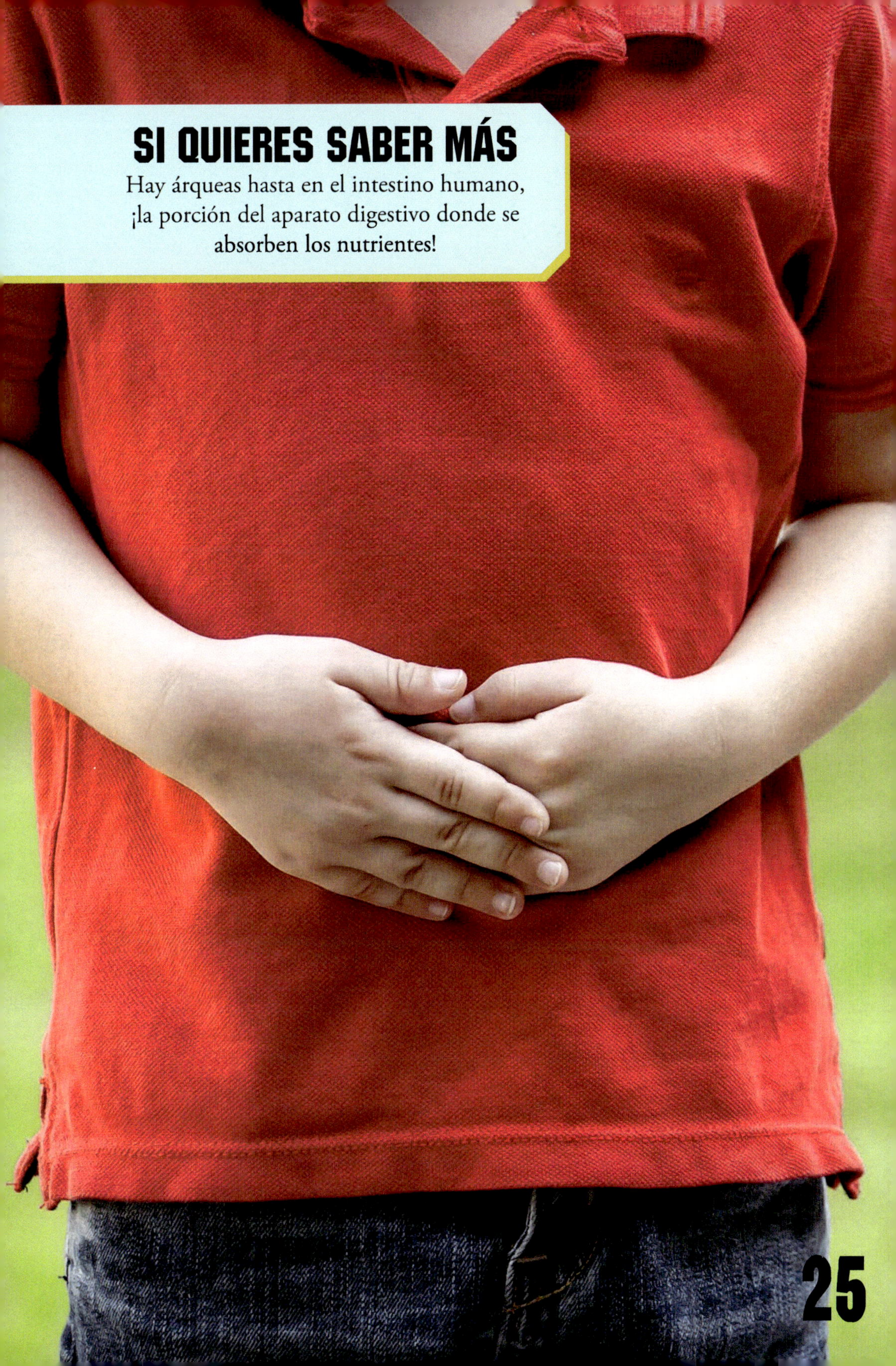

SI QUIERES SABER MÁS

Hay árqueas hasta en el intestino humano, ¡la porción del aparato digestivo donde se absorben los nutrientes!

Que haya árqueas viviendo dentro de los animales puede sonar aterrador, pero no lo es. De hecho, algunas resultan muy útiles. En ciertos animales, como las vacas, algunos tipos de árqueas ayudan a producir energía.

SI QUIERES SABER MÁS

Existe una especie de árquea gigante que vive en las raíces de un árbol llamado mangle. Sigue siendo diminuta, pero su tamaño casi permite verla sin herramientas especiales.

MUCHO QUE APRENDER

Como descubrimiento científico, las árqueas son bastante recientes. Esto significa que hay cosas sobre ellas que aún se desconocen. Es probable que nos quede mucho por aprender acerca de estos organismos extremos, ¡y es posible que haya nuevos descubrimientos durante tu vida!

SI QUIERES SABER MÁS

Algunas árqueas, como las del género *Halobacterium*, viven en hábitats con una alta concentración de sal.

¿DÓNDE HAY ÁRQUEAS?

Las árqueas se encuentran en muchos medios ambientes, entre ellos:

FUENTES TERMALES

PANTANOS

INTESTINO DE ANIMALES

SUELO Y BARRO

FONDO DEL OCÉANO

MASAS DE AGUA BAJO EL HIELO

GLOSARIO

ácido: líquido que descompone la materia.

drenaje: proceso de eliminar el líquido de algún lugar dejando que fluya.

energía: potencia utilizada para hacer cosas.

extremo: muy por debajo o por encima de la media.

habitat: lugar natural donde se vive.

hidrotermal: relativo al agua termal, la que brota a temperatura superior a la media ambiental.

medio (ambiente): condiciones que rodean a un ser vivo y que influyen en su modo de vida.

núcleo: parte central de una célula eucariótica.

oxígeno: gas incoloro e inodoro (que no huele) que muchos animales, incluidos los seres humanos, necesitan respirar para vivir.

pantano: zona de terreno blando y húmedo.

sobrevivir: vivir en un determinado lugar pese a sus condiciones adversas.

temperatura: qué tan caliente o tan frío está algo.

PARA MÁS INFORMACIÓN

LIBROS

Iyer, Rani. *Amazing Life Science Activities*. North Mankato, MN: Capstone Press, 2018.

Spilsbury, Louise and Richard. *Microorganisms*. Chicago, IL: Heinemann Library, 2014.

SITIOS DE INTERNET

El hombre que reescribió el árbol de la vida
www.pbs.org/wgbh/nova/article/carl-woese/
Aprende más de Carl Woese, el científico que descubrió las árqueas.

Árqueas termófilas
www.nps.gov/yell/learn/nature/thermophilic-archaea.htm
Lee acerca de las árqueas del Parque Nacional de Yellowstone en el sitio de internet del Servicio de Parques Nacionales de Estados Unidos.

Nota del editor para educadores y padres: nuestro personal especializado ha revisado cuidadosamente estos sitios web para asegurarse de que son apropiados para los estudiantes. Muchos sitios de internet cambian con frecuencia, por lo que no podemos garantizar que posteriores contenidos que se suban a esas páginas cumplan con nuestros estándares de calidad y valor educativo. Tengan presente que se debe supervisar cuidadosamente a los estudiantes siempre que tengan acceso al Internet.

ÍNDICE